iEdutainments Limited
The Old Post House
Radford Road
Flyford Flavell
Worcestershire
WR7 4DL
England

Company Number: 7441490
First Edition: iEdutainments Ltd 2014
Copyright © Rory Ryder 2014
Copyright © Illustrations Rory Ryder 2014
Copyright © Coloured verb tables Rory Ryder 2014

The Author asserts the moral right to be identified as the author of this work under the copyright designs and patents Act 1988.

English Version

Illustrated by Andy Garnica

All rights reserved. No part of this publication may be reproduced, stored in a retrieval system, or transmitted, in any form or by any means, electronic, mechanical, photocopying, recording or otherwise, without the prior permission of the publishers.

LEARNBOTS
LEARN 101 FRENCH VERBS IN 1 DAY

with the LearnBots

by Rory Ryder

Illustrations Andy Garnica

Published by:

Introduction

Memory

When learning a language, we often have problems remembering the (key) verbs; it does not mean we have totally forgotten them. It just means that we can't recall them at that particular moment. So this book has been carefully designed to help you recall the (key) verbs and their conjugations instantly.

The Research

Research has shown that one of the most effective ways to remember something is by association. Therefore we have hidden the verb (keyword) into each illustration to act as a retrieval cue that will then stimulate your long-term memory. This method has proved 7 times more effective than just passively reading and responding to a list of verbs.

Beautiful Illustrations

The LearnBot illustrations have their own mini story, an approach beyond conventional verb books. To make the most of this book, spend time with each picture and become familiar with everything that is happening. The Pictures involve the characters, Verbito, Verbita, Cyberdog and the BeeBots, with hidden clues that give more meaning to each picture. Some pictures are more challenging than others, adding to the fun but, more importantly, aiding the memory process.

LearnBots Animations and audio

Can be viewed for FREE on the LearnBots app.

Keywords

We have called the infinitive the (keyword) to refer to its central importance in remembering the 36 ways it can be used. Once you have located the appropriate keyword and made the connection with the illustration, you can then start to learn each colour-tense.

Colour-Coded Verb Tables

The verb tables are designed to save you further valuable time by focusing all your attention on one color tense allowing you to make immediate connections between the subject and verb. Making this association clear and simple from the beginning will give you more confidence to start speaking the language.

Master the Verbs

Once your confident with each colour-tense, congratulate yourself because you will have learnt over 3600 verb forms, an achievement that takes some people years to master!

So is it really possible to "Learn 101 Verbs in 1 Day"?

Well, the answer to this is yes! If you carfully look at each picture and make the connection and see the (keyword) you should be able to remember the 101 verb infinitives in just one day. Of course remembering all the conjugations is going to take you longer but by at least knowing the most important verbs you can then start to learn each tense in your own time.

Reviews

Miss Emma Pullen - DWR - Y - FELIN Comprehensive
"A great opportunity for pupils to see at a glance the conjugation of a verb in all its tenses. This book takes the hard toil out of dictionary work, whilst injecting fun in the processes."

Susana Boniface - Kidderminster College
"Beautifully illustrated, amusing drawings, guaranteed to stay easily in the mind. A very user friendly book. Well Done!"

Lynda McTier - Lipson Community
"No more boring grammar lessons!!! This book is a great tool for learning verbs through excellent illustrations. A must-have for all language learners."

Christine Ransome - Bearwood College
"A real gem of a linguistic tool which will appeal to both the serious scholar and the more casual learner. The entertaining presentation of basic grammar is inspirational, and its simplicity means more retained knowledge, especially amongst dyslexic language scholars."

Tzira Correia - St Benedict's School, Senior School
"The book allows students to learn how to conjugate verbs in an enjoyable way. Many verbs used everyday in the target language are mentioned. The colours and pictures play a very important role in the learning of the verbs." Well done!

Julie Geib - Newborough School
"Verbs are brought to life in this book through skilful use of humorous storytelling. This innovative approach to language learning transforms an often dull and un-inspiring process into one which is refreshing and empowering."

Pamela Davies - Lingualink Rhyl N.Wales
"This book has helped in increasing the necessary fun-side of language learning, whilst simplifying the comprehension of the various tenses. Adult students with all levels of learning ability have enjoyed and benefited from this modern, fast-moving book."

Dr. Josep-Lluis González Medina - Eton College England

" After a number of years in which educational trends favoured oral fluency over grammatical accuracy, it is encouraging to see a book which goes back to basics and makes learning verbs less daunting and even easy. At the end of the day, verb patterns are fundamental in order to gain linguistic precision and sophistication, and thus should not be regarded as a chore but as necessary elements to achieve competence in any given language. The colour coding in this book makes for quick identification of tenses and the running stories provided by the pictures are an ideal mnemonic device in that they help students visualize each verb. I would heartily recommend this fun verb book for use with pupils in the early stages of learning and for later on in their school careers. It can be used for teaching but also, perhaps more importantly, as a tool for independent study. This is a praiseworthy attempt to make verbs more easily accessible to every schoolboy and girl in the country. "

S Reynes - Cheney School

"It's an ideal way for students who have a visual memory and it's very clear so students can be more independent and use this book with confidence both at home and in class."

Mr W A Jefferson - Scarborough College

"A colourful novel resource which captured students' attention; both intriguing the more able and reinforcing learning for all students."

Janet Holland - Moorland School

"The layout is clear, simple and unfussy, with lively colours and funny illustrations. The page is planned logically, in a memorable and intelligent way and the verbs are also colour coded, with no unnecessary frills."

Rosemary Gomez - Queens College London

"The colour tables are a good idea and help the students recall the tenses. The students enjoy being asked to learn colour tenses and random verbs. Therefore I can say truthfully that the book improved their knowledge of the verbs. Overall a fun departure from the usual verb list."

Dr. Ben Bollig - University of Westminster

"A very attractive and lively approach to verb learning. This book is an excellent tool for beginners and makes one of the most difficult aspects of language learning simple and straightforward."

User guide

to arrive — arriver

www.learnverbs.com

	Présent	Imparfait	Passé Composé	Futur	Conditionnel	Subjonctif
Je (j')	arrive	arrivais	suis arrivé(e)	arriverai	arriverais	arrive
Tu	arrives	arrivais	es arrivé(e)	arriveras	arriverais	arrives
Il / elle / on	arrive	arrivait	est arrivé(e)	arrivera	arriverait	arrive
Nous	arrivons	arrivions	sommes arrivé(e)s	arriverons	arriverions	arrivions
Vous	arrivez	arriviez	êtes arrivé(e)(s)	arriverez	arriveriez	arriviez
Ils / elles	arrivent	arrivaient	sont arrivé(e)s	arriveront	arriveraient	arrivent

to ask (for) — demander

www.learnverbs.com

	Présent	Imparfait	Passé Composé	Futur	Conditionnel	Subjonctif
Je (j)	demande	demandais	ai demandé	demanderai	demanderais	demande
Tu	demandes	demandais	as demandé	demanderas	demanderais	demandes
Il / elle / on	demande	demandait	a demandé	demandera	demanderait	demande
Nous	demandons	demandions	avons demandé	demanderons	demanderions	demandions
Vous	demandez	demandiez	avez demandé	demanderez	demanderiez	demandiez
Ils / elles	demandent	demandaient	ont demandé	demanderont	demanderaient	demandent

to assess — évaluer

www.learnverbs.com

	Présent	Imparfait	Passé Composé	Futur	Conditionnel	Subjonctif
Je (j)	évalue	évaluais	ai évalué	évaluerai	évaluerais	évalue
Tu	évalues	évaluais	as évalué	évalueras	évaluerais	évalues
Il / elle on	évalue	évaluait	a évalué	évaluera	évaluerait	évalue
Nous	évaluons	évaluions	avons évalué	évaluerons	évaluerions	évaluions
Vous	évaluez	évaluiez	avez évalué	évaluerez	évalueriez	évaluiez
Ils / elles	évaluent	évaluaient	ont évalué	évalueront	évalueraient	évaluent

to be — être

	Présent	Imparfait	Passé Composé	Futur	Conditionnel	Subjonctif
Je (j)	suis	étais	ai été	serai	serais	sois
Tu	es	étais	as été	seras	serais	sois
Il / elle / on	est	était	a été	sera	serait	soit
Nous	sommes	étions	avons été	serons	serions	soyons
Vous	êtes	étiez	avez été	serez	seriez	soyez
Ils / elles	sont	étaient	ont été	seront	seraient	soient

to be — être

www.learnverbs.com

	Présent	Imparfait	Passé Composé	Futur	Conditionnel	Subjonctif
Je (j)	suis	étais	ai été	serai	serais	sois
Tu	es	étais	as été	seras	serais	sois
Il / elle / on	est	était	a été	sera	serait	soit
Nous	sommes	étions	avons été	serons	serions	soyons
Vous	êtes	étiez	avez été	serez	seriez	soyez
Ils / elles	sont	étaient	ont été	seront	seraient	soient

to be able — pouvoir

www.learnverbs.com

	Présent	Imparfait	Passé Composé	Futur	Conditionnel	Subjonctif
Je (j)	peux	pouvais	ai pu	pourrai	pourrais	puisse
Tu	peux	pouvais	as pu	pourras	pourrais	puisses
Il / elle / on	peut	pouvait	a pu	pourra	pourrait	puisse
Nous	pouvons	pouvions	avons pu	pourrons	pourrions	puissions
Vous	pouvez	pouviez	avez pu	pourrez	pourriez	puissiez
Ils / elles	peuvent	pouvaient	ont pu	pourront	pourraient	puissent

to be quiet — se taire

www.learnverbs.com

	Présent	Imparfait	Passé Composé	Futur	Conditionnel	Subjonctif
Je (j')	me tais	me taisais	me suis tu(e)	me tairai	me tairais	me taise
Tu	te tais	te taisais	t'es tu(e)	te tairas	te tairais	te taises
Il / elle / on	se tait	se taisait	s'est tu(e)	se taira	se tairait	se taise
Nous	nous taisons	nous taisions	nous sommes tu(e)s	nous tairons	nous tairions	nous taisions
Vous	vous taisez	vous taisiez	vous êtes tu(e)(s)	vous tairez	vous tairiez	vous taisiez
Ils / elles	se taisent	se taisaient	se sont tu(e)s	se tairont	se tairaient	se taisent

to bring — apporter

www.learnverbs.com

	Présent	Imparfait	Passé Composé	Futur	Conditionnel	Subjonctif
Je (j)	apporte	apportais	ai apporté	apporterai	apporterais	apporte
Tu	apportes	apportais	as apporté	apporteras	apporterais	apportes
Il / elle / on	apporte	apportait	a apporté	apportera	apporterait	apporte
Nous	apportons	apportions	avons apporté	apporterons	apporterions	apportions
Vous	apportez	apportiez	avez apporté	apporterez	apporteriez	apportiez
Ils / elles	apportent	apportaient	ont apporté	apporteront	apporteraient	apportent

to build — construire

www.learnverbs.com

	Présent	Imparfait	Passé Composé	Futur	Conditionnel	Subjonctif
Je (j)	construis	construisais	ai construit	construirai	construirais	construise
Tu	construis	construisais	as construit	construiras	construirais	construises
Il / elle / on	construit	construisait	a construit	construira	construirait	construise
Nous	construisons	construisions	avons construit	construirons	construirions	construisions
Vous	construisez	construisiez	avez construit	construirez	construiriez	construisiez
Ils / elles	construisent	construisaient	ont construit	construiront	construiraient	construisent

andyGARNICA

to buy — acheter

www.learnverbs.com

	Présent	Imparfait	Passé Composé	Futur	Conditionnel	Subjonctif
Je (j)	achète	achetais	ai acheté	achèterai	achèterais	achète
Tu	achètes	achetais	as acheté	achèteras	achèterais	achètes
Il / elle / on	achète	achetait	a acheté	achètera	achèterait	achète
Nous	achetons	achetions	avons acheté	achèterons	achèterions	achetions
Vous	achetez	achetiez	avez acheté	achèterez	achèteriez	achetiez
Ils / elles	achètent	achetaient	ont acheté	achèteront	achèteraient	achètent

to call — appeler

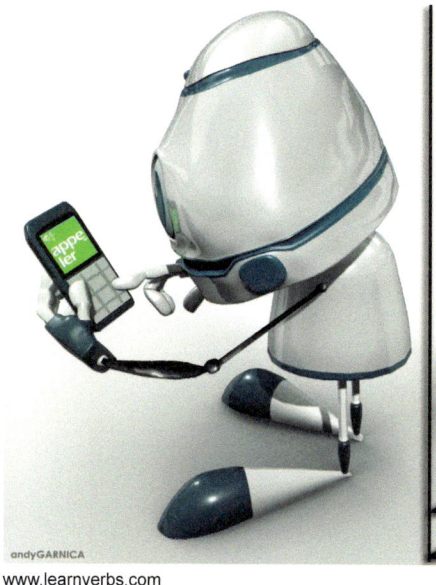

www.learnverbs.com

	Présent	Imparfait	Passé Composé	Futur	Conditionnel	Subjonctif
Je (j)	appelle	appelais	ai appelé	appellerai	appellerais	appelle
Tu	appelles	appelais	as appelé	appelleras	appellerais	appelles
Il / elle on	appelle	appelait	a appelé	appellera	appellerait	appelle
Nous	appelons	appelions	avons appelé	appellerons	appellerions	appelions
Vous	appelez	appeliez	avez appelé	appellerez	appelleriez	appeliez
Ils / elles	appellent	appelaient	ont appelé	appelleront	appelleraient	appellent

to carry — porter

www.learnverbs.com

	Présent	Imparfait	Passé Composé	Futur	Conditionnel	Subjonctif
Je (j')	porte	portais	ai porté	porterai	porterais	porte
Tu	portes	portais	as porté	porteras	porterais	portes
Il / elle / on	porte	portait	a porté	portera	porterait	porte
Nous	portons	portions	avons porté	porterons	porterions	portions
Vous	portez	portiez	avez porté	porterez	porteriez	portiez
Ils / elles	portent	portaient	ont porté	porteront	porteraient	portent

to change — changer

www.learnverbs.com

	Présent	Imparfait	Passé Composé	Futur	Conditionnel	Subjonctif
Je (j)	change	changeais	ai changé	changerai	changerais	change
Tu	changes	changeais	as changé	changeras	changerais	changes
Il / elle on	change	changeait	a changé	changera	changerait	change
Nous	changeons	changions	avons changé	changerons	changerions	changions
Vous	changez	changiez	avez changé	changerez	changeriez	changiez
Ils / elles	changent	changeaient	ont changé	changeront	changeraient	changent

to clean — nettoyer

	Présent	Imparfait	Passé Composé	Futur	Conditionnel	Subjonctif
Je (j)	nettoie	nettoyais	ai nettoyé	nettoierai	nettoierais	nettoie
Tu	nettoies	nettoyais	as nettoyé	nettoieras	nettoierais	nettoies
Il / elle / on	nettoie	nettoyait	a nettoyé	nettoiera	nettoierait	nettoie
Nous	nettoyons	nettoyions	avons nettoyé	nettoierons	nettoierions	nettoyions
Vous	nettoyez	nettoyiez	avez nettoyé	nettoierez	nettoieriez	nettoyiez
Ils / elles	nettoient	nettoyaient	ont nettoyé	nettoieront	nettoieraient	nettoient

to close — fermer

www.learnverbs.com

	Présent	Imparfait	Passé Composé	Futur	Conditionnel	Subjonctif
Je (j)	ferme	fermais	ai fermé	fermerai	fermerais	ferme
Tu	fermes	fermais	as fermé	fermeras	fermerais	fermes
Il / elle on	ferme	fermait	a fermé	fermera	fermerait	ferme
Nous	fermons	fermions	avons fermé	fermerons	fermerions	fermions
Vous	fermez	fermiez	avez fermé	fermerez	fermeriez	fermiez
Ils / elles	ferment	fermaient	ont fermé	fermeront	fermeraient	ferment

to comb — se peigner

www.learnverbs.com

	Présent	Imparfait	Passé Composé	Futur	Conditionnel	Subjonctif
Je (j)	me peigne	me peignais	me suis peigné(e)	me peignerai	me peignerais	me peigne
Tu	te peignes	te peignais	t'es peigné(e)	te peigneras	te peignerais	te peignes
Il / elle / on	se peigne	se peignait	s'est peigné(e)	se peignera	se peignerait	se peigne
Nous	nous peignons	nous peignions	nous sommes peigné(e)s	nous peignerons	nous peignerions	nous peignions
Vous	vous peignez	vous peigniez	vous êtes peigné(e)(s)	vous peignerez	vous peigneriez	vous peigniez
Ils / elles	se peignent	se peignaient	se sont peigné(e)s	se peigneront	se peigneraient	se peignent

to come — venir

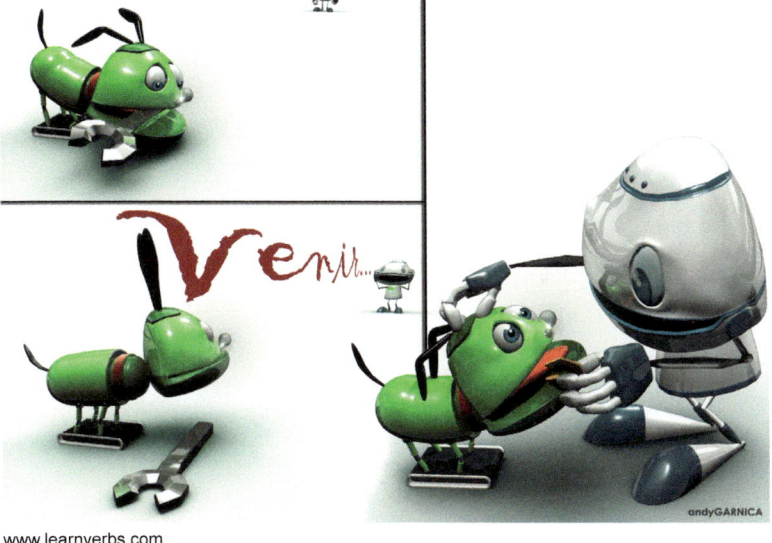

	Présent	Imparfait	Passé Composé	Futur	Conditionnel	Subjonctif
Je (j)	viens	venais	suis venu(e)	viendrai	viendrais	vienne
Tu	viens	venais	es venu(e)	viendras	viendrais	viennes
Il / elle on	vient	venait	est venu(e)	viendra	viendrait	vienne
Nous	venons	venions	sommes venu(e)s	viendrons	viendrions	venions
Vous	venez	veniez	êtes venu(e)(s)	viendrez	viendriez	veniez
Ils / elles	viennent	venaient	sont venu(e)s	viendront	viendraient	viennent

to cook — cuisiner

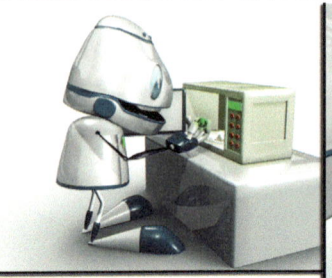
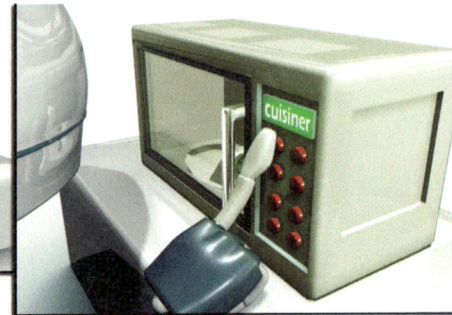

www.learnverbs.com

	Présent	Imparfait	Passé Composé	Futur	Conditionnel	Subjonctif
Je (j)	cuisine	cuisinais	ai cuisiné	cuisinerai	cuisinerais	cuisine
Tu	cuisines	cuisinais	as cuisiné	cuisineras	cuisinerais	cuisines
Il / elle / on	cuisine	cuisinait	a cuisiné	cuisinera	cuisinerait	cuisine
Nous	cuisinons	cuisinions	avons cuisiné	cuisinerons	cuisinerions	cuisinions
Vous	cuisinez	cuisiniez	avez cuisiné	cuisinerez	cuisineriez	cuisiniez
Ils / elles	cuisinent	cuisinaient	ont cuisiné	cuisineront	cuisineraient	cuisinent

to count — compter

	Présent	Imparfait	Passé Composé	Futur	Conditionnel	Subjonctif
Je (j)	compte	comptais	ai compté	compterai	compterais	compte
Tu	comptes	comptais	as compté	compteras	compterais	comptes
Il / elle / on	compte	comptait	a compté	comptera	compterait	compte
Nous	comptons	comptions	avons compté	compterons	compterions	comptions
Vous	comptez	comptiez	avez compté	compterez	compteriez	comptiez
Ils / elles	comptent	comptaient	ont compté	compteront	compteraient	comptent

to crash — s'écraser

www.learnverbs.com

	Présent	Imparfait	Passé Composé	Futur	Conditionnel	Subjonctif
Je (j')	m'écrase	m'écrasais	me suis écrasé(e)	m'écraserai	m'écraserais	m'écrase
Tu	t'écrases	t'écrasais	t'es écrasé(e)	t'écraseras	t'écraserais	t'écrases
Il / elle / on	s'écrase	s'écrasait	s'est écrasé(e)	s'écrasera	s'écraserait	s'écrase
Nous	nous écrasons	nous écrasions	nous sommes écrasé(e)s	nous écraserons	nous écraserions	nous écrasions
Vous	vous écrasez	vous écrasiez	vous êtes écrasé(e)(s)	vous écraserez	vous écraseriez	vous écrasiez
Ils / elles	s'écrasent	s'écrasaient	se sont écrasé(e)s	s'écraseront	s'écraseraient	s'écrasent

to create — créer

www.learnverbs.com

	Présent	Imparfait	Passé Composé	Futur	Conditionnel	Subjonctif
Je (j')	crée	créais	ai créé	créerai	créerais	crée
Tu	crées	créais	as créé	créeras	créerais	crées
Il / elle / on	crée	créait	a créé	créera	créerait	crée
Nous	créons	créions	avons créé	créerons	créerions	créions
Vous	créez	créiez	avez créé	créerez	créeriez	créiez
Ils / elles	créent	créaient	ont créé	créeront	créeraient	créent

to cut — couper

www.learnverbs.com

	Présent	Imparfait	Passé Composé	Futur	Conditionnel	Subjonctif
Je (j)	coupe	coupais	ai coupé	couperai	couperais	coupe
Tu	coupes	coupais	as coupé	couperas	couperais	coupes
Il / elle / on	coupe	coupait	a coupé	coupera	couperait	coupe
Nous	coupons	coupions	avons coupé	couperons	couperions	coupions
Vous	coupez	coupiez	avez coupé	couperez	couperiez	coupiez
Ils / elles	coupent	coupaient	ont coupé	couperont	couperaient	coupent

to dance — danser

www.learnverbs.com

	Présent	Imparfait	Passé Composé	Futur	Conditionnel	Subjonctif
Je (j')	danse	dansais	ai dansé	danserai	danserais	danse
Tu	danses	dansais	as dansé	danseras	danserais	danses
Il / elle on	danse	dansait	a dansé	dansera	danserait	danse
Nous	dansons	dansions	avons dansé	danserons	danserions	dansions
Vous	dansez	dansiez	avez dansé	danserez	danseriez	dansiez
Ils / elles	dansent	dansaient	ont dansé	danseront	danseraient	dansent

to decide — décider

	Présent	Imparfait	Passé Composé	Futur	Conditionnel	Subjonctif
Je (j)	décide	décidais	ai décidé	déciderai	déciderais	décide
Tu	décides	décidais	as décidé	décideras	déciderais	décides
Il / elle / on	décide	décidait	a décidé	décidera	déciderait	décide
Nous	décidons	décidions	avons décidé	déciderons	déciderions	décidions
Vous	décidez	décidiez	avez décidé	déciderez	décideriez	décidiez
Ils / elles	décident	décidaient	ont décidé	décideront	décideraient	décident

to direct — diriger

www.learnverbs.com

	Présent	Imparfait	Passé Composé	Futur	Conditionnel	Subjonctif
Je (j)	dirige	dirigeais	ai dirigé	dirigerai	dirigerais	dirige
Tu	diriges	dirigeais	as dirigé	dirigeras	dirigerais	diriges
Il / elle on	dirige	dirigeait	a dirigé	dirigera	dirigerait	dirige
Nous	dirigeons	dirigions	avons dirigé	dirigerons	dirigerions	dirigions
Vous	dirigez	dirigiez	avez dirigé	dirigerez	dirigeriez	dirigiez
Ils / elles	dirigent	dirigeaient	ont dirigé	dirigeront	dirigeraient	dirigent

to dream — rêver

www.learnverbs.com

	Présent	Imparfait	Passé Composé	Futur	Conditionnel	Subjonctif
Je (j)	rêve	rêvais	ai rêvé	rêverai	rêverais	rêve
Tu	rêves	rêvais	as rêvé	rêveras	rêverais	rêves
Il / elle / on	rêve	rêvait	a rêvé	rêvera	rêverait	rêve
Nous	rêvons	rêvions	avons rêvé	rêverons	rêverions	rêvions
Vous	rêvez	rêviez	avez rêvé	rêverez	rêveriez	rêviez
Ils / elles	rêvent	rêvaient	ont rêvé	rêveront	rêveraient	rêvent

to drink — boire

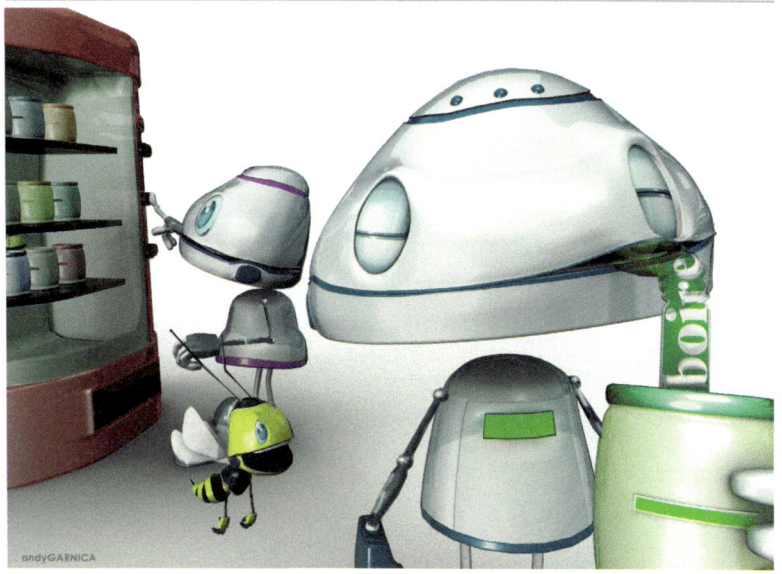

www.learnverbs.com

	Présent	Imparfait	Passé Composé	Futur	Conditionnel	Subjonctif
Je (j')	bois	buvais	ai bu	boirai	boirais	boive
Tu	bois	buvais	as bu	boiras	boirais	boives
Il / elle / on	boit	buvait	a bu	boira	boirait	boive
Nous	buvons	buvions	avons bu	boirons	boirions	buvions
Vous	buvez	buviez	avez bu	boirez	boiriez	buviez
Ils / elles	boivent	buvaient	ont bu	boiront	boiraient	boivent

to drive — conduire

www.learnverbs.com

	Présent	Imparfait	Passé Composé	Futur	Conditionnel	Subjonctif
Je (j)	conduis	conduisais	ai conduit	conduirai	conduirais	conduise
Tu	conduis	conduisais	as conduit	conduiras	conduirais	conduises
Il / elle / on	conduit	conduisait	a conduit	conduira	conduirait	conduise
Nous	conduisons	conduisions	avons conduit	conduirons	conduirions	conduisions
Vous	conduisez	conduisiez	avez conduit	conduirez	conduiriez	conduisiez
Ils / elles	conduisent	conduisaient	ont conduit	conduiront	conduiraient	conduisent

to eat — manger

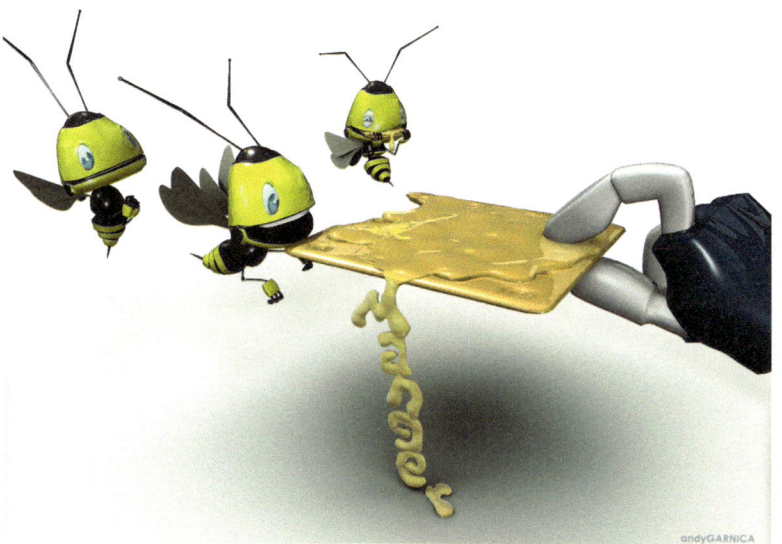

www.learnverbs.com

	Présent	Imparfait	Passé Composé	Futur	Conditionnel	Subjonctif
Je (j')	mange	mangeais	ai mangé	mangerai	mangerais	mange
Tu	manges	mangeais	as mangé	mangeras	mangerais	manges
Il / elle on	mange	mangeait	a mangé	mangera	mangerait	mange
Nous	mangeons	mangions	avons mangé	mangerons	mangerions	mangions
Vous	mangez	mangiez	avez mangé	mangerez	mangeriez	mangiez
Ils / elles	mangent	mangeaient	ont mangé	mangeront	mangeraient	mangent

to enter — entrer

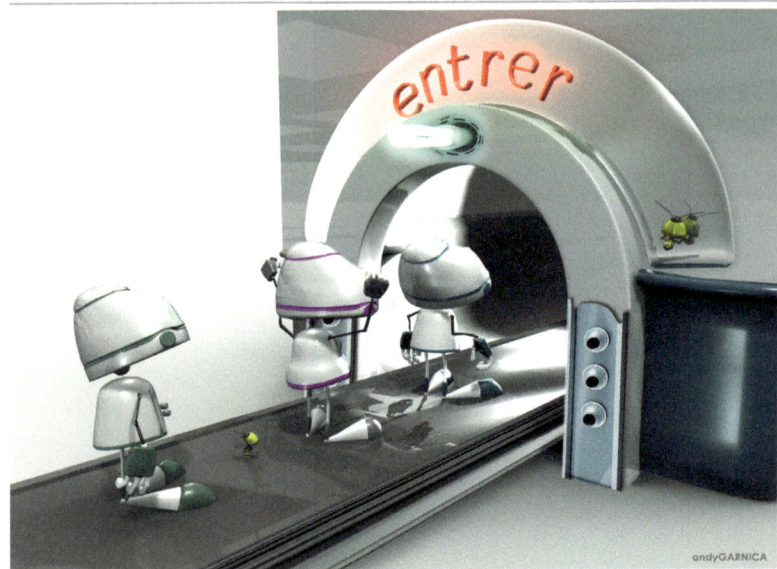

www.learnverbs.com

	Présent	Imparfait	Passé Composé	Futur	Conditionnel	Subjonctif
Je (j')	entre	entrais	suis entré(e)	entrerai	entrerais	entre
Tu	entres	entrais	es entré(e)	entreras	entrerais	entres
Il / elle / on	entre	entrait	est entré(e)	entrera	entrerait	entre
Nous	entrons	entrions	sommes entré(e)s	entrerons	entrerions	entrions
Vous	entrez	entriez	êtes entré(e)(s)	entrerez	entreriez	entriez
Ils / elles	entrent	entraient	sont entré(e)s	entreront	entreraient	entrent

to fall — **tomber**

www.learnverbs.com

	Présent	Imparfait	Passé Composé	Futur	Conditionnel	Subjonctif
Je (j')	tombe	tombais	suis tombé(e)	tomberai	tomberais	tombe
Tu	tombes	tombais	es tombé(e)	tomberas	tomberais	tombes
Il / elle on	tombe	tombait	est tombé(e)	tombera	tomberait	tombe
Nous	tombons	tombions	sommes tombé(e)s	tomberons	tomberions	tombions
Vous	tombez	tombiez	êtes tombé(e)(s)	tomberez	tomberiez	tombiez
Ils / elles	tombent	tombaient	sont tombé(e)s	tomberont	tomberaient	tombent

to fight — se battre

www.learnverbs.com

	Présent	Imparfait	Passé Composé	Futur	Conditionnel	Subjonctif
Je (j')	me bats	me battais	me suis battu(e)	me battrai	me battrais	me batte
Tu	te bats	te battais	t'es battu(e)	te battras	te battrais	te battes
Il / elle / on	se bat	se battait	s'est battu(e)	se battra	se battrait	se batte
Nous	nous battons	nous battions	nous sommes battu(e)s	nous battrons	nous battrions	nous battions
Vous	vous battez	vous battiez	vous êtes battu(e)(s)	vous battrez	vous battriez	vous battiez
Ils / elles	se battent	se battaient	se sont battu(e)s	se battront	se battraient	se battent

to film — filmer

	Présent	Imparfait	Passé Composé	Futur	Conditionnel	Subjonctif
Je (j')	filme	filmais	ai filmé	filmerai	filmerais	filme
Tu	filmes	filmais	as filmé	filmeras	filmerais	filmes
Il / elle / on	filme	filmait	a filmé	filmera	filmerait	filme
Nous	filmons	filmions	avons filmé	filmerons	filmerions	filmions
Vous	filmez	filmiez	avez filmé	filmerez	filmeriez	filmiez
Ils / elles	filment	filmaient	ont filmé	filmeront	filmeraient	filment

to find — trouver

www.learnverbs.com

	Présent	Imparfait	Passé Composé	Futur	Conditionnel	Subjonctif
Je (j)	trouve	trouvais	ai trouvé	trouverai	trouverais	trouve
Tu	trouves	trouvais	as trouvé	trouveras	trouverais	trouves
Il / elle / on	trouve	trouvait	a trouvé	trouvera	trouverait	trouve
Nous	trouvons	trouvions	avons trouvé	trouverons	trouverions	trouvions
Vous	trouvez	trouviez	avez trouvé	trouverez	trouveriez	trouviez
Ils / elles	trouvent	trouvaient	ont trouvé	trouveront	trouveraient	trouvent

to finish — finir

www.learnverbs.com

	Présent	Imparfait	Passé Composé	Futur	Conditionnel	Subjonctif
Je (j)	finis	finissais	ai fini	finirai	finirais	finisse
Tu	finis	finissais	as fini	finiras	finirais	finisses
Il / elle on	finit	finissait	a fini	finira	finirait	finisse
Nous	finissons	finissions	avons fini	finirons	finirions	finissions
Vous	finissez	finissiez	avez fini	finirez	finiriez	finissiez
Ils / elles	finissent	finissaient	ont fini	finiront	finiraient	finissent

to follow — suivre

	Présent	Imparfait	Passé Composé	Futur	Conditionnel	Subjonctif
Je (j)	suis	suivais	ai suivi	suivrai	suivrais	suive
Tu	suis	suivais	as suivi	suivras	suivrais	suives
Il / elle / on	suit	suivait	a suivi	suivra	suivrait	suive
Nous	suivons	suivions	avons suivi	suivrons	suivrions	suivions
Vous	suivez	suiviez	avez suivi	suivrez	suivriez	suiviez
Ils / elles	suivent	suivaient	ont suivi	suivront	suivraient	suivent

to forbid — interdire

www.learnverbs.com

	Présent	Imparfait	Passé Composé	Futur	Conditionnel	Subjonctif
Je (j)	interdis	interdisais	ai interdit	interdirai	interdirais	interdise
Tu	interdis	interdisais	as interdit	interdiras	interdirais	interdises
Il / elle / on	interdit	interdisait	a interdit	interdira	interdirait	interdise
Nous	interdisons	interdisions	avons interdit	interdirons	interdirions	interdisions
Vous	interdisez	interdisiez	avez interdit	interdirez	interdiriez	interdisiez
Ils / elles	interdisent	interdisaient	ont interdit	interdiront	interdiraient	interdisent

to forget — oublier

38

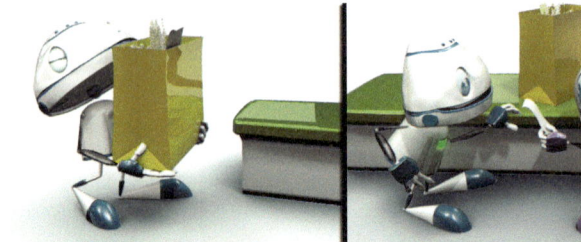

www.learnverbs.com

	Présent	Imparfait	Passé Composé	Futur	Conditionnel	Subjonctif
Je (j')	oublie	oubliais	ai oublié	oublierai	oublierais	oublie
Tu	oublies	oubliais	as oublié	oublieras	oublierais	oublies
Il / elle / on	oublie	oubliait	a oublié	oubliera	oublierait	oublie
Nous	oublions	oubliions	avons oublié	oublierons	oublierions	oubliions
Vous	oubliez	oubliiez	avez oublié	oublierez	oublieriez	oubliiez
Ils / elles	oublient	oubliaient	ont oublié	oublieront	oublieraient	oublient

to get dressed — s'habiller

	Présent	Imparfait	Passé Composé	Futur	Conditionnel	Subjonctif
Je (j')	m'habille	m'habillais	me suis habillé(e)	m'habillerai	m'habillerais	m'habille
Tu	t'habilles	t'habillais	t'es habillé(e)	t'habilleras	t'habillerais	t'habilles
Il / elle on	s'habille	s'habillait	s'est habillé(e)	s'habillera	s'habillerait	s'habille
Nous	nous habillons	nous habillions	nous sommes habillé(e)s	nous habillerons	nous habillerions	nous habillions
Vous	vous habillez	vous habilliez	vous êtes habillé(e)(s)	vous habillerez	vous habilleriez	vous habilliez
Ils / elles	s'habillent	s'habillaient	se sont habillé(e)s	s'habilleront	s'habilleraient	s'habillent

to get married — se marier

www.learnverbs.com

	Présent	Imparfait	Passé Composé	Futur	Conditionnel	Subjonctif
Je (j')	me marie	me mariais	me suis marié(e)	me marierai	me marierais	me marie
Tu	te maries	te mariais	t'es marié(e)	te marieras	te marierais	te maries
Il / elle on	se marie	se mariait	s'est marié(e)	se mariera	se marierait	se marie
Nous	nous marions	nous mariions	nous sommes marié(e)s	nous marierons	nous marierions	nous mariions
Vous	vous mariez	vous mariiez	vous êtes marié(e)(s)	vous marierez	vous marieriez	vous mariiez
Ils / elles	se marient	se mariaient	se sont marié(e)s	se marieront	se marieraient	se marient

to give — donner

www.learnverbs.com

	Présent	Imparfait	Passé Composé	Futur	Conditionnel	Subjonctif
Je (j)	donne	donnais	ai donné	donnerai	donnerais	donne
Tu	donnes	donnais	as donné	donneras	donnerais	donnes
Il / elle / on	donne	donnait	a donné	donnera	donnerait	donne
Nous	donnons	donnions	avons donné	donnerons	donnerions	donnions
Vous	donnez	donniez	avez donné	donnerez	donneriez	donniez
Ils / elles	donnent	donnaient	ont donné	donneront	donneraient	donnent

to go — aller

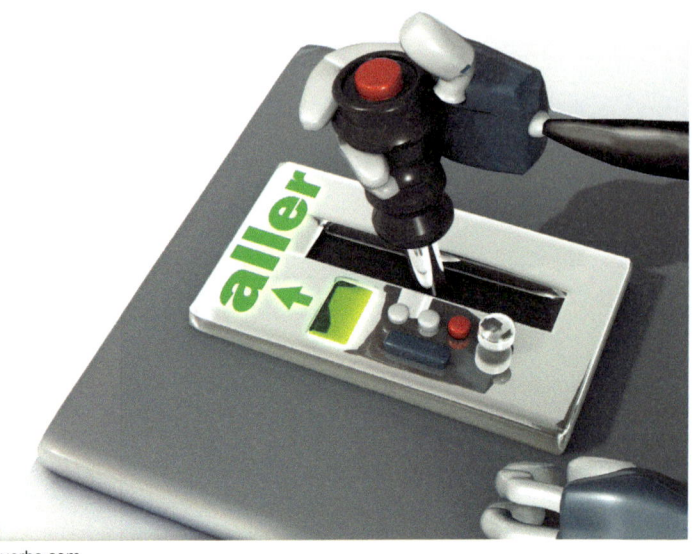

www.learnverbs.com

	Présent	Imparfait	Passé Composé	Futur	Conditionnel	Subjonctif
Je (j')	vais	allais	suis allé(e)	irai	irais	aille
Tu	vas	allais	es allé(e)	iras	irais	ailles
Il / elle / on	va	allait	est allé(e)	ira	irait	aille
Nous	allons	allions	sommes allé(e)s	irons	irions	allions
Vous	allez	alliez	êtes allé(e)(s)	irez	iriez	alliez
Ils / elles	vont	allaient	sont allé(e)s	iront	iraient	aillent

to go down — descendre

www.learnverbs.com

	Présent	Imparfait	Passé Composé	Futur	Conditionnel	Subjonctif
Je (j)	descends	descendais	suis descendu(e)	descendrai	descendrais	descende
Tu	descends	descendais	es descendu(e)	descendras	descendrais	descendes
Il / elle on	descend	descendait	est descendu(e)	descendra	descendrait	descende
Nous	descendons	descendions	sommes descendu(e)s	descendrons	descendrions	descendions
Vous	descendez	descendiez	êtes descendu(e)(s)	descendrez	descendriez	descendiez
Ils / elles	descendent	descendaient	sont descendu(e)s	descendront	descendraient	descendent

to go out — sortir

www.learnverbs.com

	Présent	Imparfait	Passé Composé	Futur	Conditionnel	Subjonctif
Je (j)	sors	sortais	suis sorti(e)	sortirai	sortirais	sorte
Tu	sors	sortais	es sorti(e)	sortiras	sortirais	sortes
Il / elle / on	sort	sortait	est sorti(e)	sortira	sortirait	sorte
Nous	sortons	sortions	sommes sorti(e)s	sortirons	sortirions	sortions
Vous	sortez	sortiez	êtes sorti(e)(s)	sortirez	sortiriez	sortiez
Ils / elles	sortent	sortaient	sont sorti(e)s	sortiront	sortiraient	sortent

to grow — grandir

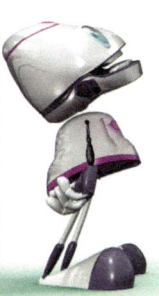

www.learnverbs.com

	Présent	Imparfait	Passé Composé	Futur	Conditionnel	Subjonctif
Je (j')	grandis	grandissais	ai grandi	grandirai	grandirais	grandisse
Tu	grandis	grandissais	as grandi	grandiras	grandirais	grandisses
Il / elle / on	grandit	grandissait	a grandi	grandira	grandirait	grandisse
Nous	grandissons	grandissions	avons grandi	grandirons	grandirions	grandissions
Vous	grandissez	grandissiez	avez grandi	grandirez	grandiriez	grandissiez
Ils / elles	grandissent	grandissaient	ont grandi	grandiront	grandiraient	grandissent

to have — avoir

www.learnverbs.com

	Présent	Imparfait	Passé Composé	Futur	Conditionnel	Subjonctif
Je (j)	ai	avais	ai eu	aurai	aurais	aie
Tu	as	avais	as eu	auras	aurais	aies
Il / elle on	a	avait	a eu	aura	aurait	ait
Nous	avons	avions	avons eu	aurons	aurions	ayons
Vous	avez	aviez	avez eu	aurez	auriez	ayez
Ils / elles	ont	avaient	ont eu	auront	auraient	aient

to hear — entendre

www.learnverbs.com

	Présent	Imparfait	Passé Composé	Futur	Conditionnel	Subjonctif
Je (j)	entends	entendais	ai entendu	entendrai	entendrais	entende
Tu	entends	entendais	as entendu	entendras	entendrais	entendes
Il / elle / on	entend	entendait	a entendu	entendra	entendrait	entende
Nous	entendons	entendions	avons entendu	entendrons	entendrions	entendions
Vous	entendez	entendiez	avez entendu	entendrez	entendriez	entendiez
Ils / elles	entendent	entendaient	ont entendu	entendront	entendraient	entendent

to jump — sauter

www.learnverbs.com

	Présent	Imparfait	Passé Composé	Futur	Conditionnel	Subjonctif
Je (j)	saute	sautais	ai sauté	sauterai	sauterais	saute
Tu	sautes	sautais	as sauté	sauteras	sauterais	sautes
Il / elle / on	saute	sautait	a sauté	sautera	sauterait	saute
Nous	sautons	sautions	avons sauté	sauterons	sauterions	sautions
Vous	sautez	sautiez	avez sauté	sauterez	sauteriez	sautiez
Ils / elles	sautent	sautaient	ont sauté	sauteront	sauteraient	sautent

to kiss — embrasser

www.learnverbs.com

	Présent	Imparfait	Passé Composé	Futur	Conditionnel	Subjonctif
Je (j)	embrasse	embrassais	ai embrassé	embrasserai	embrasserais	embrasse
Tu	embrasses	embrassais	as embrassé	embrasseras	embrasserais	embrasses
Il / elle on	embrasse	embrassait	a embrassé	embrassera	embrasserait	embrasse
Nous	embrassons	embrassions	avons embrassé	embrasserons	embrasserions	embrassions
Vous	embrassez	embrassiez	avez embrassé	embrasserez	embrasseriez	embrassiez
Ils / elles	embrassent	embrassaient	ont embrassé	embrasseront	embrasseraient	embrassent

to know — savoir

www.learnverbs.com

	Présent	Imparfait	Passé Composé	Futur	Conditionnel	Subjonctif
Je (j)	sais	savais	ai su	saurai	saurais	sache
Tu	sais	savais	as su	sauras	saurais	saches
Il / elle / on	sait	savait	a su	saura	saurait	sache
Nous	savons	savions	avons su	saurons	saurions	sachions
Vous	savez	saviez	avez su	saurez	sauriez	sachiez
Ils / elles	savent	savaient	ont su	sauront	sauraient	sachent

to learn — apprendre

www.learnverbs.com

	Présent	Imparfait	Passé Composé	Futur	Conditionnel	Subjonctif
Je (j)	apprends	apprenais	ai appris	apprendrai	apprendrais	apprenne
Tu	apprends	apprenais	as appris	apprendras	apprendrais	apprennes
Il / elle / on	apprend	apprenait	a appris	apprendra	apprendrait	apprenne
Nous	apprenons	apprenions	avons appris	apprendrons	apprendrions	apprenions
Vous	apprenez	appreniez	avez appris	apprendrez	apprendriez	appreniez
Ils / elles	apprennent	apprenaient	ont appris	apprendront	apprendraient	apprennent

to lie — mentir

www.learnverbs.com

	Présent	Imparfait	Passé Composé	Futur	Conditionnel	Subjonctif
Je (j)	mens	mentais	ai menti	mentirai	mentirais	mente
Tu	mens	mentais	as menti	mentiras	mentirais	mentes
Il / elle / on	ment	mentait	a menti	mentira	mentirait	mente
Nous	mentons	mentions	avons menti	mentirons	mentirions	mentions
Vous	mentez	mentiez	avez menti	mentirez	mentiriez	mentiez
Ils / elles	mentent	mentaient	ont menti	mentiront	mentiraient	mentent

to light — allumer

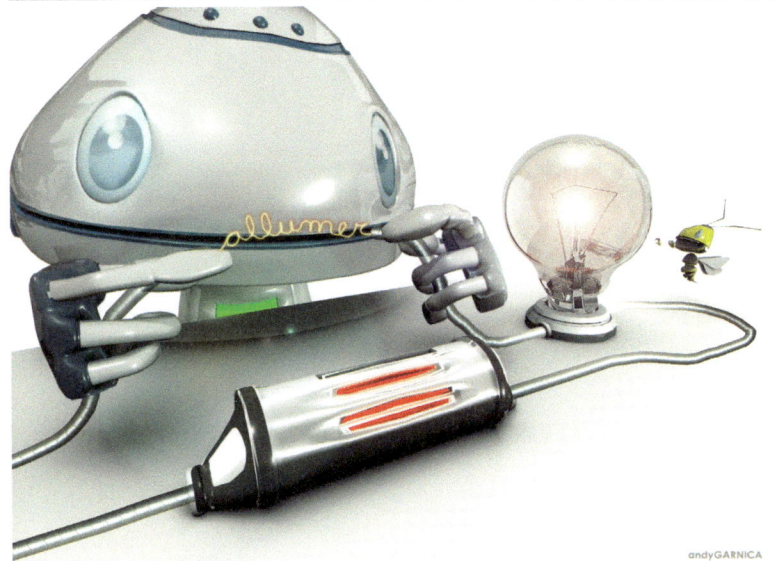

www.learnverbs.com

	Présent	Imparfait	Passé Composé	Futur	Conditionnel	Subjonctif
Je (j')	allume	allumais	ai allumé	allumerai	allumerais	allume
Tu	allumes	allumais	as allumé	allumeras	allumerais	allumes
Il / elle / on	allume	allumait	a allumé	allumera	allumerait	allume
Nous	allumons	allumions	avons allumé	allumerons	allumerions	allumions
Vous	allumez	allumiez	avez allumé	allumerez	allumeriez	allumiez
Ils / elles	allument	allumaient	ont allumé	allumeront	allumeraient	allument

to lose — perdre

www.learnverbs.com

	Présent	Imparfait	Passé Composé	Futur	Conditionnel	Subjonctif
Je (j')	perds	perdais	ai perdu	perdrai	perdrais	perde
Tu	perds	perdais	as perdu	perdras	perdrais	perdes
Il / elle / on	perd	perdait	a perdu	perdra	perdrait	perde
Nous	perdons	perdions	avons perdu	perdrons	perdrions	perdions
Vous	perdez	perdiez	avez perdu	perdrez	perdriez	perdiez
Ils / elles	perdent	perdaient	ont perdu	perdront	perdraient	perdent

to love — aimer

	Présent	Imparfait	Passé Composé	Futur	Conditionnel	Subjonctif
Je (j)	aime	aimais	ai aimé	aimerai	aimerais	aime
Tu	aimes	aimais	as aimé	aimeras	aimerais	aimes
Il / elle on	aime	aimait	a aimé	aimera	aimerait	aime
Nous	aimons	aimions	avons aimé	aimerons	aimerions	aimions
Vous	aimez	aimiez	avez aimé	aimerez	aimeriez	aimiez
Ils / elles	aiment	aimaient	ont aimé	aimeront	aimeraient	aiment

to make (to do)   faire

www.learnverbs.com

	Présent	Imparfait	Passé Composé	Futur	Conditionnel	Subjonctif
Je (j)	fais	faisais	ai fait	ferai	ferais	fasse
Tu	fais	faisais	as fait	feras	ferais	fasses
Il / elle / on	fait	faisait	a fait	fera	ferait	fasse
Nous	faisons	faisions	avons fait	ferons	ferions	fassions
Vous	faites	faisiez	avez fait	ferez	feriez	fassiez
Ils / elles	font	faisaient	ont fait	feront	feraient	fassent

to open — ouvrir

www.learnverbs.com

	Présent	Imparfait	Passé Composé	Futur	Conditionnel	Subjonctif
Je (j')	ouvre	ouvrais	ai ouvert	ouvrirai	ouvrirais	ouvre
Tu	ouvres	ouvrais	as ouvert	ouvriras	ouvrirais	ouvres
Il / elle / on	ouvre	ouvrait	a ouvert	ouvrira	ouvrirait	ouvre
Nous	ouvrons	ouvrions	avons ouvert	ouvrirons	ouvririons	ouvrions
Vous	ouvrez	ouvriez	avez ouvert	ouvrirez	ouvririez	ouvriez
Ils / elles	ouvrent	ouvraient	ont ouvert	ouvriront	ouvriraient	ouvrent

to organise — organiser

www.learnverbs.com

	Présent	Imparfait	Passé Composé	Futur	Conditionnel	Subjonctif
Je (j')	organise	organisais	ai organisé	organiserai	organiserais	organise
Tu	organises	organisais	as organisé	organiseras	organiserais	organises
Il / elle / on	organise	organisait	a organisé	organisera	organiserait	organise
Nous	organisons	organisions	avons organisé	organiserons	organiserions	organisions
Vous	organisez	organisiez	avez organisé	organiserez	organiseriez	organisiez
Ils / elles	organisent	organisaient	ont organisé	organiseront	organiseraient	organisent

to paint — peindre

	Présent	Imparfait	Passé Composé	Futur	Conditionnel	Subjonctif
Je (j)	peins	peignais	ai peint	peindrai	peindrais	peigne
Tu	peins	peignais	as peint	peindras	peindrais	peignes
Il / elle on	peint	peignait	a peint	peindra	peindrait	peigne
Nous	peignons	peignions	avons peint	peindrons	peindrions	peignions
Vous	peignez	peigniez	avez peint	peindrez	peindriez	peigniez
Ils / elles	peignent	peignaient	ont peint	peindront	peindraient	peignent

to pay — payer

www.learnverbs.com

	Présent	Imparfait	Passé Composé	Futur	Conditionnel	Subjonctif
Je (j)	paye	payais	ai payé	payerai	payerais	paye
Tu	payes	payais	as payé	payeras	payerais	payes
Il / elle / on	paye	payait	a payé	payera	payerait	paye
Nous	payons	payions	avons payé	payerons	payerions	payions
Vous	payez	payiez	avez payé	payerez	payeriez	payiez
Ils / elles	payent	payaient	ont payé	payeront	payeraient	payent

to play — jouer

www.learnverbs.com

	Présent	Imparfait	Passé Composé	Futur	Conditionnel	Subjonctif
Je (j)	joue	jouais	ai joué	jouerai	jouerais	joue
Tu	joues	jouais	as joué	joueras	jouerais	joues
Il / elle / on	joue	jouait	a joué	jouera	jouerait	joue
Nous	jouons	jouions	avons joué	jouerons	jouerions	jouions
Vous	jouez	jouiez	avez joué	jouerez	joueriez	jouiez
Ils / elles	jouent	jouaient	ont joué	joueront	joueraient	jouent

to polish — polir

www.learnverbs.com

	Présent	Imparfait	Passé Composé	Futur	Conditionnel	Subjonctif
Je (j)	polis	polissais	ai poli	polirai	polirais	polisse
Tu	polis	polissais	as poli	poliras	polirais	polisses
Il / elle / on	polit	polissait	a poli	polira	polirait	polisse
Nous	polissons	polissions	avons poli	polirons	polirions	polissions
Vous	polissez	polissiez	avez poli	polirez	poliriez	polissiez
Ils / elles	polissent	polissaient	ont poli	poliront	poliraient	polissent

to put — mettre

www.learnverbs.com

	Présent	Imparfait	Passé Composé	Futur	Conditionnel	Subjonctif
Je (j)	mets	mettais	ai mis	mettrai	mettrais	mette
Tu	mets	mettais	as mis	mettras	mettrais	mettes
Il / elle / on	met	mettait	a mis	mettra	mettrait	mette
Nous	mettons	mettions	avons mis	mettrons	mettrions	mettions
Vous	mettez	mettiez	avez mis	mettrez	mettriez	mettiez
Ils / elles	mettent	mettaient	ont mis	mettront	mettraient	mettent

to quit — cesser

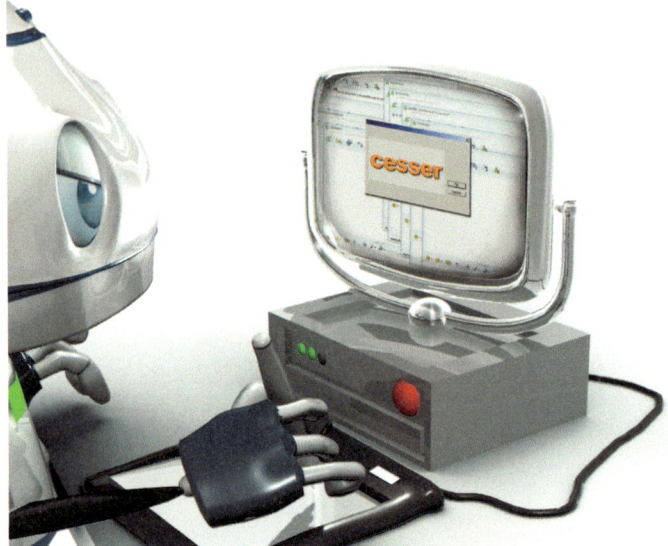

www.learnverbs.com

	Présent	Imparfait	Passé Composé	Futur	Conditionnel	Subjonctif
Je (j')	cesse	cessais	ai cessé	cesserai	cesserais	cesse
Tu	cesses	cessais	as cessé	cesseras	cesserais	cesses
Il / elle on	cesse	cessait	a cessé	cessera	cesserait	cesse
Nous	cessons	cessions	avons cessé	cesserons	cesserions	cessions
Vous	cessez	cessiez	avez cessé	cesserez	cesseriez	cessiez
Ils / elles	cessent	cessaient	ont cessé	cesseront	cesseraient	cessent

to rain — pleuvoir

www.learnverbs.com

	Présent	Imparfait	Passé Composé	Futur	Conditionnel	Subjonctif
Je (j)						
Tu						
Il / elle on	pleut	pleuvait	a plu	pleuvra	pleuvrait	pleuve
Nous						
Vous						
Ils / elles						

to read — lire

www.learnverbs.com

	Présent	Imparfait	Passé Composé	Futur	Conditionnel	Subjonctif
Je (j')	lis	lisais	ai lu	lirai	lirais	lise
Tu	lis	lisais	as lu	liras	lirais	lises
Il / elle / on	lit	lisait	a lu	lira	lirait	lise
Nous	lisons	lisions	avons lu	lirons	lirions	lisions
Vous	lisez	lisiez	avez lu	lirez	liriez	lisiez
Ils / elles	lisent	lisaient	ont lu	liront	liraient	lisent

to receive — recevoir

www.learnverbs.com

	Présent	Imparfait	Passé Composé	Futur	Conditionnel	Subjonctif
Je (j')	reçois	recevais	ai reçu	recevrai	recevrais	reçoive
Tu	reçois	recevais	as reçu	recevras	recevrais	reçoives
Il / elle on	reçoit	recevait	a reçu	recevra	recevrait	reçoive
Nous	recevons	recevions	avons reçu	recevrons	recevrions	recevions
Vous	recevez	receviez	avez reçu	recevrez	recevriez	receviez
Ils / elles	reçoivent	recevaient	ont reçu	recevront	recevraient	reçoivent

to remember — se souvenir

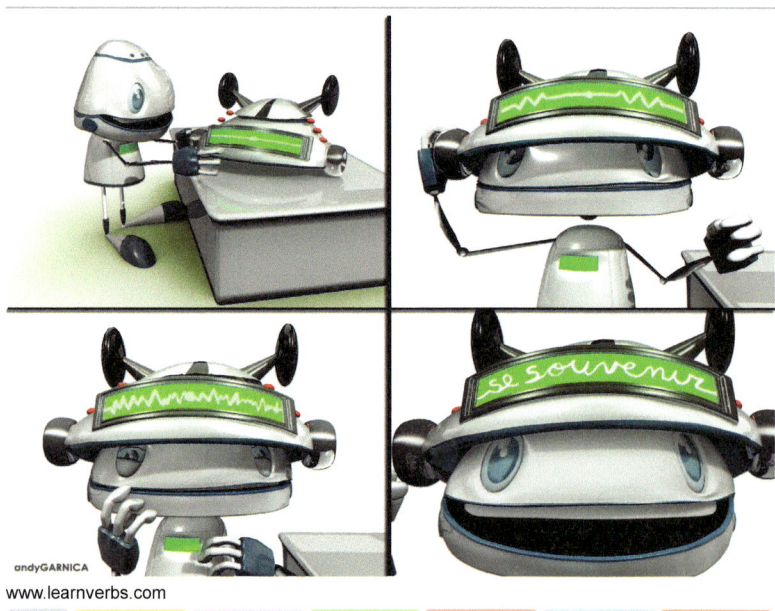

www.learnverbs.com

	Présent	Imparfait	Passé Composé	Futur	Conditionnel	Subjonctif
Je (j)	me souviens	me souvenais	me suis souvenu(e)	me souviendrai	me souviendrais	me souvienne
Tu	te souviens	te souvenais	t'es souvenu(e)	te souviendras	te souviendrais	te souviennes
Il / elle / on	se souvient	se souvenait	s'est souvenu(e)	se souviendra	se souviendrait	se souvienne
Nous	nous souvenons	nous souvenions	nous sommes souvenu(e)(s)	nous souviendrons	nous souviendrions	nous souvenions
Vous	vous souvenez	vous souveniez	vous êtes souvenu(e)(s)	vous souviendrez	vous souviendriez	vous souveniez
Ils / elles	se souviennent	se souvenaient	se sont souvenu(e)s	se souviendront	se souviendraient	se souviennent

to repair — réparer

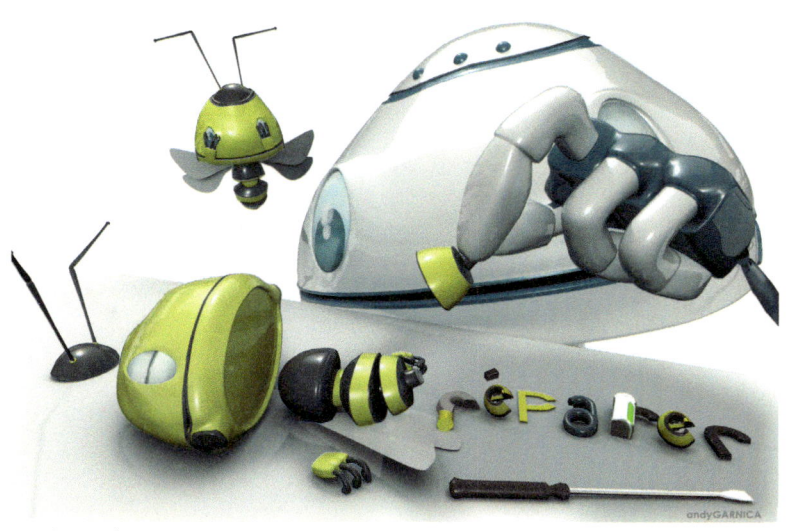

www.learnverbs.com

	Présent	Imparfait	Passé Composé	Futur	Conditionnel	Subjonctif
Je (j')	répare	réparais	ai réparé	réparerai	réparerais	répare
Tu	répares	réparais	as réparé	répareras	réparerais	répares
Il / elle / on	répare	réparait	a réparé	réparera	réparerait	répare
Nous	réparons	réparions	avons réparé	réparerons	réparerions	réparions
Vous	réparez	répariez	avez réparé	réparerez	répareriez	répariez
Ils / elles	réparent	réparaient	ont réparé	répareront	répareraient	réparent

to restrain — retenir

	Présent	Imparfait	Passé Composé	Futur	Conditionnel	Subjonctif
Je (j)	retiens	retenais	ai retenu	retiendrai	retiendrais	retienne
Tu	retiens	retenais	as retenu	retiendras	retiendrais	retiennes
Il / elle / on	retient	retenait	a retenu	retiendra	retiendrait	retienne
Nous	retenons	retenions	avons retenu	retiendrons	retiendrions	retenions
Vous	retenez	reteniez	avez retenu	retiendrez	retinendriez	reteniez
Ils / elles	retiennent	retenaient	ont retenu	retiendront	retiendraient	retiennent

to return — revenir

www.learnverbs.com

	Présent	Imparfait	Passé Composé	Futur	Conditionnel	Subjonctif
Je (j)	reviens	revenais	suis revenu(e)	reviendrai	reviendrais	revienne
Tu	reviens	revenais	es revenu(e)	reviendras	reviendrais	reviennes
Il / elle / on	revient	revenait	est revenu(e)	reviendra	reviendrait	revienne
Nous	revenons	revenions	sommes revenu(e)s	reviendrons	reviendrions	revenions
Vous	revenez	reveniez	êtes revenu(e)(s)	reviendrez	reviendriez	reveniez
Ils / elles	reviennent	revenaient	sont revenu(e)s	reviendront	reviendraient	reviennent

to run — courir

www.learnverbs.com

	Présent	Imparfait	Passé Composé	Futur	Conditionnel	Subjonctif
Je (j)	cours	courais	ai couru	courrai	courrais	coure
Tu	cours	courais	as couru	courras	courrais	coures
Il / elle / on	court	courait	a couru	courra	courrait	coure
Nous	courons	courions	avons couru	courrons	courrions	courions
Vous	courez	couriez	avez couru	courrez	courriez	couriez
Ils / elles	courent	couraient	ont couru	courront	courraient	courent

to scream — crier

	Présent	Imparfait	Passé Composé	Futur	Conditionnel	Subjonctif
Je (j)	crie	criais	ai crié	crierai	crierais	crie
Tu	cries	criais	as crié	crieras	crierais	cries
Il / elle / on	crie	criait	a crié	criera	crierait	crie
Nous	crions	criions	avons crié	crierons	crierions	criions
Vous	criez	criiez	avez crié	crierez	crieriez	criiez
Ils / elles	crient	criaient	ont crié	crieront	crieraient	crient

to search — chercher

www.learnverbs.com

	Présent	Imparfait	Passé Composé	Futur	Conditionnel	Subjonctif
Je (j)	cherche	cherchais	ai cherché	chercherai	chercherais	cherche
Tu	cherches	cherchais	as cherché	chercheras	chercherais	cherches
Il / elle / on	cherche	cherchait	a cherché	cherchera	chercherait	cherche
Nous	cherchons	cherchions	avons cherché	chercherons	chercherions	cherchions
Vous	cherchez	cherchiez	avez cherché	chercherez	chercheriez	cherchiez
Ils / elles	cherchent	cherchaient	ont cherché	chercheront	chercheraient	cherchent

to see — voir

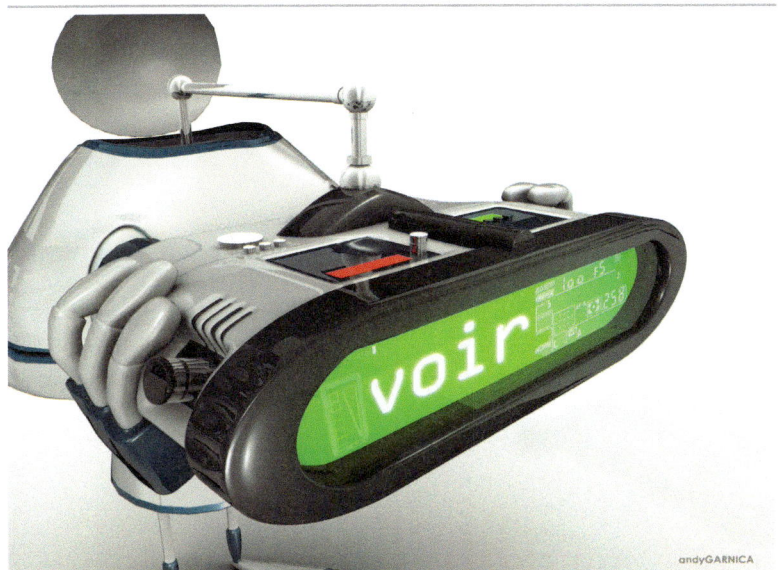

www.learnverbs.com

	Présent	Imparfait	Passé Composé	Futur	Conditionnel	Subjonctif
Je (j)	vois	voyais	ai vu	verrai	verrais	voie
Tu	vois	voyais	as vu	verras	verrais	voies
Il / elle on	voit	voyait	a vu	verra	verrait	voie
Nous	voyons	voyions	avons vu	verrons	verrions	voyions
Vous	voyez	voyiez	avez vu	verrez	verriez	voyiez
Ils / elles	voient	voyaient	ont vu	verront	verraient	voient

to separate — séparer

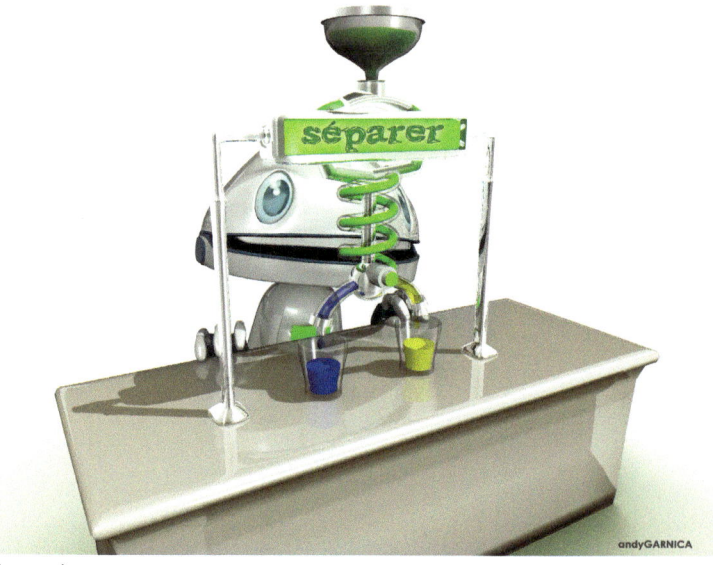

www.learnverbs.com

	Présent	Imparfait	Passé Composé	Futur	Conditionnel	Subjonctif
Je (j)	sépare	séparais	ai séparé	séparerai	séparerais	sépare
Tu	sépares	séparais	as séparé	sépareras	séparerais	sépares
Il / elle on	sépare	séparait	a séparé	séparera	séparerait	sépare
Nous	séparons	séparions	avons séparé	séparerons	séparerions	séparions
Vous	séparez	sépariez	avez séparé	séparerez	sépareriez	sépariez
Ils / elles	séparent	séparaient	ont séparé	sépareront	sépareraient	séparent

to show — montrer

	Présent	Imparfait	Passé Composé	Futur	Conditionnel	Subjonctif
Je (j)	montre	montrais	ai montré	montrerai	montrerais	montre
Tu	montres	montrais	as montré	montreras	montrerais	montres
Il / elle on	montre	montrait	a montré	montrera	montrerait	montre
Nous	montrons	montrions	avons montré	montrerons	montrerions	montrions
Vous	montrez	montriez	avez montré	montrerez	montreriez	montriez
Ils / elles	montrent	montraient	ont montré	montreront	montreraient	montrent

to shower — se doucher

	Présent	Imparfait	Passé Composé	Futur	Conditionnel	Subjonctif
Je (j)	me douche	me douchais	me suis douché(e)	me doucherai	me doucherais	me douche
Tu	te douches	te douchais	t'es douché(e)	te doucheras	te doucherais	te douches
Il / elle / on	se douche	se douchait	s'est douché(e)	se douchera	se doucherait	se douche
Nous	nous douchons	nous douchions	nous sommes douché(e)s	nous doucherons	nous doucherions	nous douchions
Vous	vous douchez	vous douchiez	vous êtes douché(e)(s)	vous doucherez	vous doucheriez	vous douchiez
Ils / elles	se douchent	se douchaient	se sont douché(e)s	se doucheront	se doucheraient	se douchent

to shoot shooter

www.learnverbs.com

	Présent	Imparfait	Passé Composé	Futur	Conditionnel	Subjonctif
Je (j)	shoote	shootais	ai shooté	shooterai	shooterais	shoote
Tu	shootes	shootais	as shooté	shooteras	shooterais	shootes
Il / elle on	shoote	shootait	a shooté	shootera	shooterait	shoote
Nous	shootons	shootions	avons shooté	shooterons	shooterions	shootions
Vous	shootez	shootiez	avez shooté	shooterez	shooteriez	shootiez
Ils / elles	shootent	shootaient	ont shooté	shooteront	shooteraient	shootent

to sing — chanter

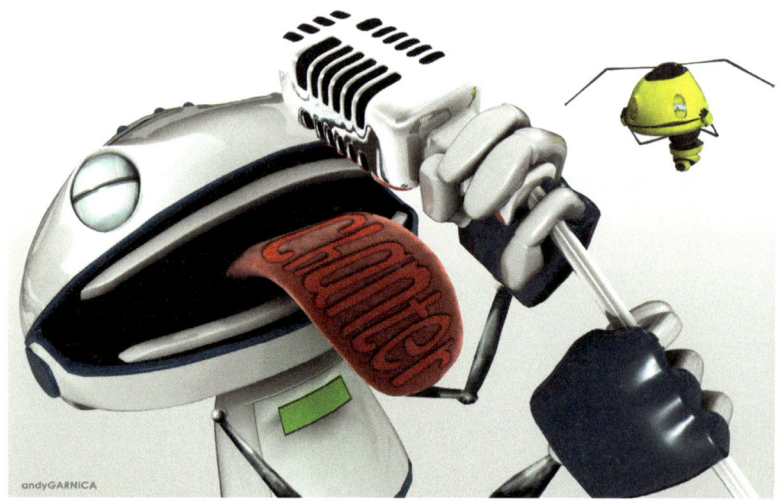

www.learnverbs.com

	Présent	Imparfait	Passé Composé	Futur	Conditionnel	Subjonctif
Je (j')	chante	chantais	ai chanté	chanterai	chanterais	chante
Tu	chantes	chantais	as chanté	chanteras	chanterais	chantes
Il / elle / on	chante	chantait	a chanté	chantera	chanterait	chante
Nous	chantons	chantions	avons chanté	chanterons	chanterions	chantions
Vous	chantez	chantiez	avez chanté	chanterez	chanteriez	chantiez
Ils / elles	chantent	chantaient	ont chanté	chanteront	chanteraient	chantent

to sit — s'asseoir

www.learnverbs.com

	Présent	Imparfait	Passé Composé	Futur	Conditionnel	Subjonctif
Je (j')	m'assieds	m'asseyais	me suis assis(e)	m'assiérai	m'assiérais	m'asseye
Tu	t'assieds	t'asseyais	t'es assis(e)	t'assiéras	t'assiérais	t'asseyes
Il / elle on	s'assied	s'asseyait	s'est assis(e)	s'assiéra	s'assiérait	s'asseye
Nous	nous asseyons	nous asseyions	nous sommes assis(e)(es)	nous assiérons	nous assiérions	nous asseyions
Vous	vous asseyez	vous asseyiez	vous êtes assis(e)(es)	vous assiérez	vous assiériez	vous asseyiez
Ils / elles	s'asseyent	s'asseyaient	se sont assis(e)(es)	s'assiéront	s'assiéraient	s'asseyent

to sleep — dormir

www.learnverbs.com

	Présent	Imparfait	Passé Composé	Futur	Conditionnel	Subjonctif
Je (j)	dors	dormais	ai dormi	dormirai	dormirais	dorme
Tu	dors	dormais	as dormi	dormiras	dormirais	dormes
Il / elle / on	dort	dormait	a dormi	dormira	dormirait	dorme
Nous	dormons	dormions	avons dormi	dormirons	dormirions	dormions
Vous	dormez	dormiez	avez dormi	dormirez	dormiriez	dormiez
Ils / elles	dorment	dormaient	ont dormi	dormiront	domiraient	dorment

to start — commencer

www.learnverbs.com

	Présent	Imparfait	Passé Composé	Futur	Conditionnel	Subjonctif
Je (j)	commence	commençais	ai commencé	commencerai	commencerais	commence
Tu	commences	commençais	as commencé	commenceras	commencerais	commences
Il / elle / on	commence	commençait	a commencé	commencera	commencerait	commence
Nous	commençons	commencions	avons commencé	commencerons	commencerions	commencions
Vous	commencez	commenciez	avez commencé	commencerez	commenceriez	commenciez
Ils / elles	commencent	commençaient	ont commencé	commenceront	commenceraient	commencent

to stop — arrêter

www.learnverbs.com

	Présent	Imparfait	Passé Composé	Futur	Conditionnel	Subjonctif
Je (j')	arrête	arrêtais	ai arrêté	arrêterai	arrêterais	arrête
Tu	arrêtes	arrêtais	as arrêté	arrêteras	arrêterais	arrêtes
Il / elle / on	arrête	arrêtait	a arrêté	arrrêtera	arrêterait	arrête
Nous	arrêtons	arrêtions	avons arrêté	arrêterons	arrêterions	arrêtions
Vous	arrêtez	arrêtiez	avez arrêté	arrêterez	arrêteriez	arrêtiez
Ils / elles	arrêtent	arrêtaient	ont arrêté	arrêteront	arrêteraient	arrêtent

to stroll — se balader

www.learnverbs.com

	Présent	Imparfait	Passé Composé	Futur	Conditionnel	Subjonctif
Je (j')	me balade	me baladais	me suis baladé(e)	me baladerai	me baladerais	me balade
Tu	te balades	te baladais	t'es baladé(e)	te baladeras	te baladerais	te balades
Il / elle / on	se balade	se baladait	s'est baladé(e)	se baladera	se baladerait	se balade
Nous	nous baladons	nous baladions	nous sommes baladé(e)s	nous baladerons	nous baladerions	nous baladions
Vous	vous baladez	vous baladiez	vous êtes baladé(e)(s)	vous baladerez	vous baladeriez	vous baladiez
Ils / elles	se baladent	se baladaient	se sont baladé(e)s	se baladeront	se baladeraient	se baladent

to study — étudier

	Présent	Imparfait	Passé Composé	Futur	Conditionnel	Subjonctif
Je (j)	étudie	étudiais	ai étudié	étudierai	étudierais	étudie
Tu	étudies	étudiais	as étudié	étudieras	étudierais	étudies
Il / elle / on	étudie	étudiait	a étudié	étudiera	étudierait	étudie
Nous	étudions	étudiions	avons étudié	étudierons	étudierions	étudiions
Vous	étudiez	étudiiez	avez étudié	étudierez	étudieriez	étudiiez
Ils / elles	étudient	étudiaient	ont étudié	étudieront	étudieraient	étudient

www.learnverbs.com

to swim — nager

www.learnverbs.com

	Présent	Imparfait	Passé Composé	Futur	Conditionnel	Subjonctif
Je (j)	nage	nageais	ai nagé	nagerai	nagerais	nage
Tu	nages	nageais	as nagé	nageras	nagerais	nages
Il / elle on	nage	nageait	a nagé	nagera	nagerait	nage
Nous	nageons	nagions	avons nagé	nagerons	nagerions	nagions
Vous	nagez	nagiez	avez nagé	nagerez	nageriez	nagiez
Ils / elles	nagent	nageaient	ont nagé	nageront	nageraient	nagent

to talk — parler

www.learnverbs.com

	Présent	Imparfait	Passé Composé	Futur	Conditionnel	Subjonctif
Je (j')	parle	parlais	ai parlé	parlerai	parlerais	parle
Tu	parles	parlais	as parlé	parleras	parlerais	parles
Il / elle / on	parle	parlait	a parlé	parlera	parlerait	parle
Nous	parlons	parlions	avons parlé	parlerons	parlerions	parlions
Vous	parlez	parliez	avez parlé	parlerez	parleriez	parliez
Ils / elles	parlent	parlaient	ont parlé	parleront	parleraient	parlent

to taste — goûter

	Présent	Imparfait	Passé Composé	Futur	Conditionnel	Subjonctif
Je (j')	goûte	goûtais	ai goûté	goûterai	goûterais	goûte
Tu	goûtes	goûtais	as goûté	goûteras	goûterais	goûtes
Il / elle / on	goûte	goûtait	a goûté	goûtera	goûterait	goûte
Nous	goûtons	goûtions	avons goûté	goûterons	goûterions	goûtions
Vous	goûtez	goûtiez	avez goûté	goûterez	goûteriez	goûtiez
Ils / elles	goûtent	goûtaient	ont goûté	goûteront	goûteraient	goûtent

to think — penser

www.learnverbs.com

	Présent	Imparfait	Passé Composé	Futur	Conditionnel	Subjonctif
Je (j)	pense	pensais	ai pensé	penserai	penserais	pense
Tu	penses	pensais	as pensé	penseras	penserais	penses
Il / elle on	pense	pensait	a pensé	pensera	penserait	pense
Nous	pensons	pensions	avons pensé	penserons	penserions	pensions
Vous	pensez	pensiez	avez pensé	penserez	penseriez	pensiez
Ils / elles	pensent	pensaient	ont pensé	penseront	penseraient	pensent

to travel — voyager

www.learnverbs.com

	Présent	Imparfait	Passé Composé	Futur	Conditionnel	Subjonctif
Je (j)	voyage	voyageais	ai voyagé	voyagerai	voyagerais	voyage
Tu	voyages	voyageais	as voyagé	voyageras	voyagerais	voyages
Il / elle on	voyage	voyageait	a voyagé	voyagera	voyagerait	voyage
Nous	voyageons	voyagions	avons voyagé	voyagerons	voyagerions	voyagions
Vous	voyagez	voyagiez	avez voyagé	voyagerez	voyageriez	voyagiez
Ils / elles	voyagent	voyageaient	ont voyagé	voyageront	voyageraient	voyagent

to trip — trébucher

www.learnverbs.com

	Présent	Imparfait	Passé Composé	Futur	Conditionnel	Subjonctif
Je (j)	trébuche	trébuchais	ai trébuché	trébucherai	trébucherais	trébuche
Tu	trébuches	trébuchais	as trébuché	trébucheras	trébucherais	trébuches
Il / elle on	trébuche	trébuchait	a trébuché	trébuchera	trébucherait	trébuche
Nous	trébuchons	trébuchions	avons trébuché	trébucherons	trébucherions	trébuchions
Vous	trébuchez	trébuchiez	avez trébuché	trébucherez	trébucheriez	trébuchiez
Ils / elles	trébuchent	trébuchaient	ont trébuché	trébucheront	trébucheraient	trébuchent

to turn / tourner

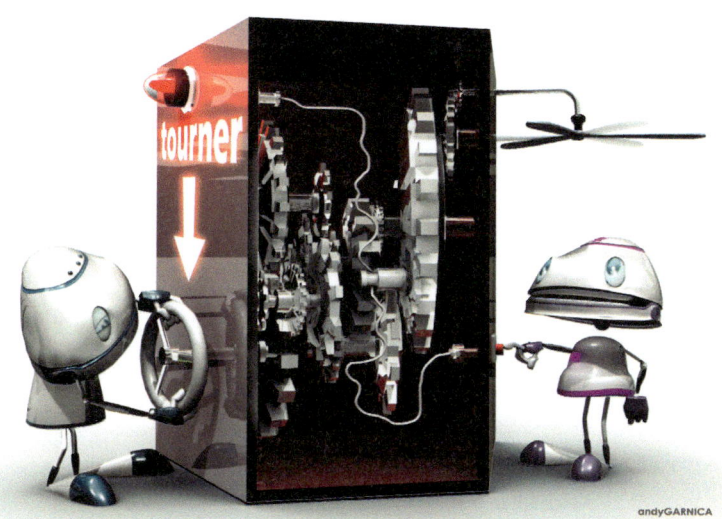

www.learnverbs.com

	Présent	Imparfait	Passé Composé	Futur	Conditionnel	Subjonctif
Je (j)	tourne	tournais	ai tourné	tournerai	tournerais	tourne
Tu	tournes	tournais	as tourné	tourneras	tournerais	tournes
Il / elle / on	tourne	tournait	a tourné	tournera	tournerait	tourne
Nous	tournons	tournions	avons tourné	tournerons	tournerions	tournions
Vous	tournez	tourniez	avez tourné	tournerez	tourneriez	tourniez
Ils / elles	tournent	tournaient	ont tourné	tourneront	tourneraient	tournent

to wait — attendre

www.learnverbs.com

	Présent	Imparfait	Passé Composé	Futur	Conditionnel	Subjonctif
Je (j)	attends	attendais	ai attendu	attendrai	attendrais	attende
Tu	attends	attendais	as attendu	attendras	attendrais	attendes
Il / elle / on	attend	attendait	a attendu	attendra	attendrait	attende
Nous	attendons	attendions	avons attendu	attendrons	attendrions	attendions
Vous	attendez	attendiez	avez attendu	attendrez	attendriez	attendiez
Ils / elles	attendent	attendaient	ont attendu	attendront	attendraient	attendent

to wake up — se réveiller

www.learnverbs.com

	Présent	Imparfait	Passé Composé	Futur	Conditionnel	Subjonctif
Je (j)	me réveille	me réveillais	me suis réveillé(e)	me réveillerai	me réveillerais	me réveille
Tu	te réveilles	te réveillais	t'es réveillé(e)	te réveilleras	te réveillerais	te réveilles
Il / elle on	se réveille	se réveillait	s'est réveillé(e)	se réveillera	se réveillerait	se réveille
Nous	nous réveillons	nous réveillions	nous sommes réveillé(e)s	nous réveillerons	nous réveillerions	nous réveillions
Vous	vous réveillez	vous réveilliez	vous êtes réveillé(e)(s)	vous réveillerez	vous réveilleriez	vous réveilliez
Ils / elles	se réveillent	se réveillaient	se sont réveillé(e)s	se réveilleront	se réveilleraient	se réveillent

to walk — marcher

www.learnverbs.com

	Présent	Imparfait	Passé Composé	Futur	Conditionnel	Subjonctif
Je (j)	marche	marchais	ai marché	marcherai	marcherais	marche
Tu	marches	marchais	as marché	marcheras	marcherais	marches
Il / elle / on	marche	marchait	a marché	marchera	marcherait	marche
Nous	marchons	marchions	avons marché	marcherons	marcherions	marchions
Vous	marchez	marchiez	avez marché	marcherez	marcheriez	marchiez
Ils / elles	marchent	marchaient	ont marché	marcheront	marcheraient	marchent

to want — vouloir

	Présent	Imparfait	Passé Composé	Futur	Conditionnel	Subjonctif
Je (j)	veux	voulais	ai voulu	voudrai	voudrais	veuille
Tu	veux	voulais	as voulu	voudras	voudrais	veuilles
Il / elle / on	veut	voulait	a voulu	voudra	voudrait	veuille
Nous	voulons	voulions	avons voulu	voudrons	voudrions	voulions
Vous	voulez	vouliez	avez voulu	voudrez	voudriez	vouliez
Ils / elles	veulent	voulaient	ont voulu	voudront	voudraient	veuillent

to wave — saluer

www.learnverbs.com

	Présent	Imparfait	Passé Composé	Futur	Conditionnel	Subjonctif
Je (j)	salue	saluais	ai salué	saluerai	saluerais	salue
Tu	salues	saluais	as salué	salueras	saluerais	salues
Il / elle on	salue	saluait	a salué	saluera	saluerait	salue
Nous	saluons	saluions	avons salué	saluerons	saluerions	saluions
Vous	saluez	saluiez	avez salué	saluerez	salueriez	saluiez
Ils / elles	saluent	saluaient	ont salué	salueront	salueraient	saluent

to watch over — surveiller

www.learnverbs.com

	Présent	Imparfait	Passé Composé	Futur	Conditionnel	Subjonctif
Je (j)	surveille	surveillais	ai surveillé	surveillerai	surveillerais	surveille
Tu	surveilles	surveillais	as surveillé	surveilleras	surveillerais	surveilles
Il / elle on	surveille	surveillait	a surveillé	surveillera	surveillerait	surveille
Nous	surveillons	surveillions	avons surveillé	surveillerons	surveillerions	surveillions
Vous	surveillez	surveilliez	avez surveillé	surveillerez	surveilleriez	surveilliez
Ils / elles	surveillent	surveillaient	ont surveillé	surveilleront	surveilleraient	surveillent

to win — gagner

www.learnverbs.com

	Présent	Imparfait	Passé Composé	Futur	Conditionnel	Subjonctif
Je (j)	gagne	gagnais	ai gagné	gagnerai	gagnerais	gagne
Tu	gagnes	gagnais	as gagné	gagneras	gagnerais	gagnes
Il / elle / on	gagne	gagnait	a gagné	gagnera	gagnerait	gagne
Nous	gagnons	gagnions	avons gagné	gagnerons	gagnerions	gagnions
Vous	gagnez	gagniez	avez gagné	gagnerez	gagneriez	gagniez
Ils / elles	gagnent	gagnaient	ont gagné	gagneront	gagneraient	gagnent

to write — écrire

www.learnverbs.com

	Présent	Imparfait	Passé Composé	Futur	Conditionnel	Subjonctif
Je (j)	écris	écrivais	ai écrit	écrirai	écrirais	écrive
Tu	écris	écrivais	as écrit	écriras	écrirais	écrives
Il / elle on	écrit	écrivait	a écrit	écrira	écrirait	écrive
Nous	écrivons	écrivions	avons écrit	écrirons	écririons	écrivions
Vous	écrivez	écriviez	avez écrit	écrirez	écririez	écriviez
Ils / elles	écrivent	écrivaient	ont écrit	écriront	écriraient	écrivent

Index

English

to arrive	1
to ask (for)	2
to assess	3
to be	4
to be	5
to be able	6
to be quiet	7
to bring	8
to build	9
to buy	10
to call	11
to carry	12
to change	13
to clean	14
to close	15
to comb	16
to come	17
to cook	18
to count	19
to crash	20
to create	21
to cut	22
to dance	23
to decide	24
to direct	25
to dream	26
to drink	27
to drive	28
to eat	29
to enter	30
to fall	31
to fight	32
to film	33
to find	34
to finish	35
to follow	36
to forbid	37
to forget	38
to get dressed	39
to get married	40
to give	41
to go	42
to go down	43
to go out	44
to grow	45
to have	46
to hear	47
to jump	48
to kiss	49
to know	50
to learn	51
to learn	52
to light	53
to lose	54
to love	55
to make (to do)	56
to open	57
to organise	58
to paint	59
to pay	60
to play	61
to polish	62
to put	63
to quit	64
to rain	65
to read	66
to receive	67
to remember	68
to repair	69
to return	70
to restrain	71
to run	72
to scream	73
to search	74
to see	75
to separate	76
to show	77
to shower	78
to shoot	79
to sing	80
to sit	81
to sleep	82
to start	83
to stop	84
to stroll	85
to study	86
to swim	87
to talk	88
to taste	89
to think	90
to travel	91
to trip	92
to turn	93
to wait	94
to wake up	95
to walk	96
to want	97
to wave	98
to watch over	99
to win	100
to write	101

Index

French

acheter	10
aimer	55
aller	42
allumer	53
appeler	11
apporter	8
apprendre	51
arrêter	84
arriver	2
attendre	94
avoir	46
boire	27
cesser	64
changer	13
chanter	80
chercher	74
commencer	83
compter	19
conduire	28
construire	9
couper	22
courir	72
créer	21
crier	73
cuisiner	18
danser	23
décider	24
demander	3
descendre	43
diriger	25
donner	41
dormir	82
écrire	101
embrasser	49
entendre	47
entrer	30
être	4
être (2)	5
étudier	86
évaluer	3
faire	56
fermer	15
filmer	33
finir	35
gagner	100
goûter	89
grandir	45
interdire	37
jouer	61
lire	66
manger	29
marcher	96
mentir	52
mettre	63
montrer	77
nager	87
nettoyer	14
organiser	58
oublier	38
ouvrir	57
parler	88
payer	60
peindre	59
penser	90
perdre	54
pleuvoir	65
polir	62
porter	12
pouvoir	6
recevoir	67
réparer	69
retenir	71
revenir	70
rêver	26
s'asseoir	81
s'écraser	20
s'habiller	39
saluer	98
sauter	48
savoir	50
se balader	85
se battre	32
se doucher	78
se marier	40
se peigner	16
se réveiller	95
se souvenir	69
se taire	7
séparer	75
shooter	79
sortir	44
suivre	36
surveiller	99
tomber	31
tourner	93
trébucher	92
trouver	34
venir	17
voir	75
vouloir	97
voyager	91

The LearnBots series

978-1908869-340	LEARN 101 JAPANESE VERBS IN 1 DAY
978-1908869-401	LEARN 101 SPANISH VERBS IN 1 DAY
978-1908869-302	LEARN 101 SLOVAK VERBS IN 1 DAY
978-1908869-265	LEARN 101 WELSH VERBS IN 1 DAY
978-1908869-449	LEARN 101 ENGLISH VERBS IN 1 DAY
978-1908869-500	LEARN 101 SWEDISH VERBS IN 1 DAY
978-1908869-425	LEARN 101 FRENCH VERBS IN 1 DAY
978-1908869-517	LEARN 101 POLISH VERBS IN 1 DAY
978-1908869-319	LEARN 101 DANISH VERBS IN 1 DAY
978-1908869-371	LEARN 101 GALICIAN VERBS IN 1 DAY
978-1908869-395	LEARN 101 JERRIAIS VERBS IN 1 DAY
978-1908869-418	LEARN 101 CATALAN VERBS IN 1 DAY
978-1908869-432	LEARN 101 CHINESE VERBS IN 1 DAY
978-1908869-289	LEARN 101 ROMANIAN VERBS IN 1 DAY
978-1908869-296	LEARN 101 RUSSIAN VERBS IN 1 DAY
978-1908869-470	LEARN 101 GREEK VERBS IN 1 DAY
978-1908869-494	LEARN 101 PORTUGUESE VERBS IN 1 DAY
978-1908869-272	LEARN 101 NORWEGIAN VERBS IN 1 DAY
978-1908869-364	LEARN 101 ITALIAN VERBS IN 1 DAY
978-1908869-456	LEARN 101 SCOTTISH VERBS IN 1 DAY
978-1908869-388	LEARN 101 VALENCIAN VERBS IN 1 DAY
978-1908869-357	LEARN 101 ARABIC VERBS IN 1 DAY
978-1908869-326	LEARN 101 FINNISH VERBS IN 1 DAY
978-1908869-333	LEARN 101 ESPERANTO VERBS IN 1 DAY
978-1908869-463	LEARN 101 GERMAN VERBS IN 1 DAY
978-1908869-487	LEARN 101 DUTCH VERBS IN 1 DAY